Les jeunes étoiles

Les jeunes étoiles DE LA PÊCHE

COLLECTION CRABTREE « LES JEUNES PLANTES »

Taylor Farley

CRABTREE
PUBLISHING COMPANY
WWW.CRABTREEBOOKS.COM

Apprendre à pêcher c'est plaisant!

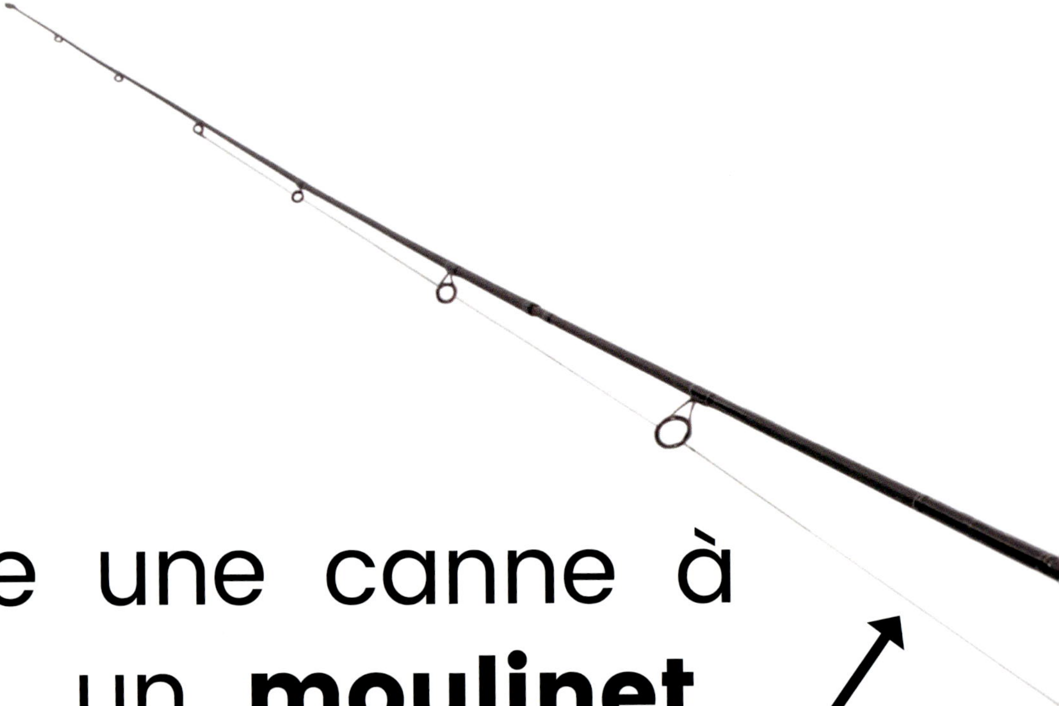

J’utilise une canne à pêche, un **moulinet** et un fil de pêche.

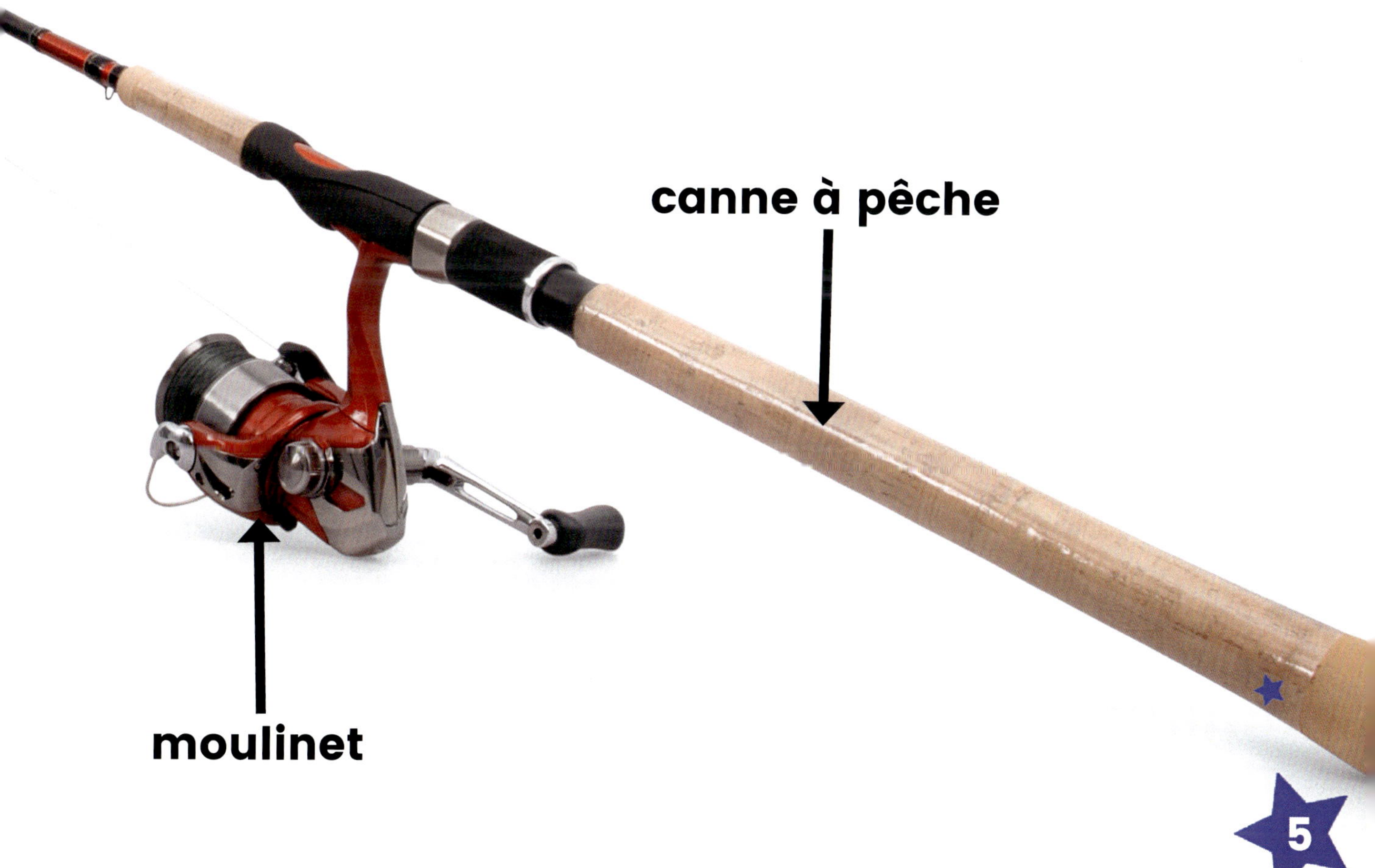
canne à pêche
moulinet

Un coffre à pêche contient mes **outils** et mes **hameçons**.

J'utilise un chasse-moustiques et je porte un gilet de sauvetage.

Mon père attache
les hameçons.
Ils sont tranchants!

J’utilise un ver de terre comme **leurre**.

Moi aussi j'aime pêcher!

Je **lance** la ligne
à pêche.

J'attends sans bruit.

Je sens que ça **tire** sur la ligne à pêche.
J'ai attrapé un poisson!

Glossaire

hameçons (a-me-son) : Les hameçons sont des pièces de métal ou de plastique recourbées et utilisées pour tenir quelque chose.

lance (lan-se) : Quand tu lances, tu jettes ta ligne à pêche ou ton épuisette à l'eau.

leurre (leur) : Un leurre est quelque chose que tu accroches à l'hameçon de ta ligne afin d'attirer le poisson. Les vers de terre sont d'excellents appâts pour certaines sortes de poisson.

moulinet (mou-li-nè) : Un moulinet contient le fil de pêche. Tu tournes la poignée du moulinet pour rentrer la ligne.

outils (ou-ti): Les outils sont les objets dont tu as besoin pour t'aider à faire le travail.

tire (tir): Quand un poisson tire sur la ligne, ça veut dire qu'il a mordu à l'hameçon et qu'il est pris.

Index

Soutien de l'école à la maison pour les gardien(ne)s et les enseignant(e)s.

Ce livre aide les enfants à se développer grâce à la pratique de la lecture. Voici quelques exemples de questions pour aider le(a) lecteur(-trice) à développer ses capacités de compréhension. Des suggestions de réponses sont indiquées.

Avant la lecture

- **Quel est le sujet de ce livre?** Je pense que ce livre parle de la pêche. Il pourrait nous renseigner sur les différentes sortes de poissons.
- **Qu'est-ce que je veux savoir sur ce sujet?** Je veux connaître les différents objets utilisés pour attraper du poisson.

Durant la lecture

- **Je me demande pourquoi...** Je me demande pourquoi un ver de terre est utilisé comme leurre.
- **Qu'est-ce que j'ai appris jusqu'à présent?** J'ai appris que les pêcheurs utilisent une canne à pêche, un moulinet, un fil de pêche, un coffre à pêche, des hameçons et des leurres pour pêcher.

Après la lecture

- **Nomme quelques détails que tu as retenus.** J'ai appris que les pêcheurs utilisent un chasse-moustiques et portent des gilets de sauvetage pour leur sécurité.
- **Écris les mots peu familiers et pose des questions pour mieux comprendre leur signification.** Je vois le mot *moulinet* à la page 4 et le mot *lance* à la page 16. Les autres mots de vocabulaire se trouvent aux pages 22 et 23.

Crabtree Publishing Company
www.crabtreebooks.com 1–800–387–7650

Version imprimée du livre produite conjointement avec Blue Door Education en 2021.

Crédits photos : Photo couverture Tatiana Bobkova illustration poisson © DigitalPen; p. 2-3 © gorillaimages; p. 4-5 © Kovalchuk Oleksandr; p. 6-7 © Derek Hatfield; p. 8-9 chasse-moustiques © Mmaxer, fillette avec gilet de sauvetage © Collin Quinn Lomax, gilet de sauvetage © Dan Thornberg; p. 11 © Chanida1443; p. 13 © rodimov; p. 14, 16, 18, 21 © AlohaHawaii; p. 22 moulinet © Smiltena, p. 23 objets © wonderisland, tire © Maridav. Toutes les images de Shutterstock.com.

Imprimé au Canada/042021/CPC

Auteur : Taylor Farley
Coordinatrice à la production et technicienne au prepress : Samara Parent
Coordinatrice à l'impression : Katherine Berti
Traduction : Claire Savard

Publié au Canada par Crabtree Publishing
616 Welland Ave.
St. Catharines, ON
L2M 5V6

Publié aux États-Unis par Crabtree Publishing
347 Fifth Ave
Suite 1402-145
New York, NY 10016

Catalogage avant publication de Bibliothèque et Archives Canada

Disponible à Bibliothèque et Archives Canada